ALLOCUTION

DE

MGR FREPPEL

ÉVÊQUE D'ANGERS

prononcée

EN

L'ÉGLISE DE St-PHILIPPE DU ROULE

LE

SEPT MAI 1883

A PARIS

M DCCC LXXXIII

ALLOCUTION

DE

MGR FREPPEL

ALLOCUTION

DE

Mgr FREPPEL

ÉVÊQUE D'ANGERS

prononcée

EN

L'ÉGLISE DE St-PHILIPPE DU ROULE

LE

SEPT MAI 1883

A PARIS

MDCCCLXXXIII

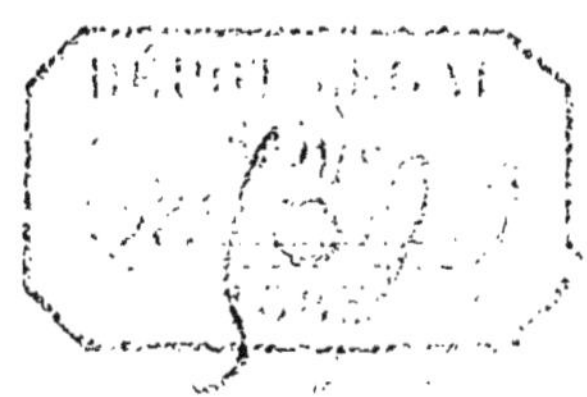

Le 7 mai 1883, *en l'église de Saint-Philippe du Roule, monseigneur Freppel, évêque d'Angers, donnait en même temps, à deux familles de son diocèse, le témoignage de son affectueuse bienveillance, en daignant bénir le double mariage d'un frère et d'une sœur, M. et Mlle Mayaud, petits-enfants, par leur père, de M. Mayaud, maire de Saumur, sous la Restauration, et par leur mère, de M. Louvet, mort à Paris le* 1er *mars* 1882, *qui fut ministre, président du Conseil général de Maine-et-Loire, et pendant vingt ans, maire et député de Saumur.*

M. Louis Mayaud épousait Mlle Élisabeth Devienne, petite-fille de M. Devienne ancien premier président de la Cour de cassation, et fille de M. Devienne, con-

seiller à la Cour d'appel de Lyon et de Mme Devienne, née Ravignan.

Mlle Marie Mayaud épousait le comte du Dresnay, fils du marquis du Dresnay et de la marquise, née du Fay de la Taillée.

Monseigneur Freppel a adressé aux jeunes époux l'allocution suivante :

Chers enfants,

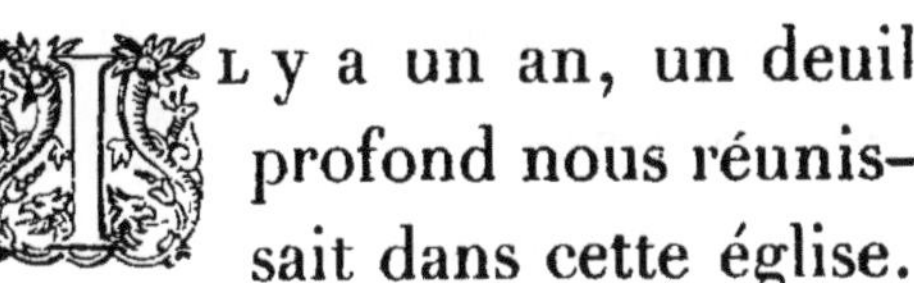

Il y a un an, un deuil profond nous réunissait dans cette église. Nous y venions, Monseigneur l'Évêque d'Évreux et moi, mêler nos prières aux vôtres et payer le tribut de l'affection et de la reconnaissance à l'homme éminent qui, après avoir joué un rôle considérable dans les conseils de la nation, était devenu pour le diocèse d'Angers et particulièrement pour la ville de Saumur un modèle de vertu et de piété chrétienne. Quelques mois après sa noble compagne le suivait au tombeau, comme pour montrer qu'une plus longue séparation eût été impossible entre deux âmes si étroitement unies; et si je me permets d'évoquer devant vous le souvenir de ce double deuil en un jour où il semblerait qu'il ne dût y avoir de place que pour la joie et l'allégresse spirituelle, c'est que, pour des chrétiens, et ceux qui disparaissent et ceux qui survivent, continuent en quelque sorte à former une seule et même famille; c'est que, comme le disait si bien le P. de Ravignan, presque à pareil jour, il y a près d'un demi-siècle et dans une circonstance toute semblable : « Le Dieu qui bénit et consacre les douleurs consacre et bénit aussi nos joies, quand nous venons les rapporter à sa bonté comme à leur source véritable et pure.[1] »

Magnifiques paroles, comme il en tombait si souvent des lèvres de l'éloquent religieux, dont la douce et sainte figure me semble planer sur nous en ce moment solennel où sa petite-nièce implore le secours de Dieu pour l'acte le plus important de sa vie. Car ce n'est pas seulement un honneur, mais encore une bénédiction que

(1) Tome IV, page 647.

d'être rattaché par des liens si intimes à ce grand serviteur de Dieu et de l'Église qui, mieux peut-être que tout autre homme de ce siècle, a su désarmer les ennemis de la foi par le charme austère de sa piété, par l'onction pénétrante de sa parole, par la franchise et la noble simplicité de son caractère. Grâce à Dieu, ce nom qui nous est resté si cher, est encore porté avec distinction jusque dans la première assemblée du pays ; et je le salue avec d'autant plus de respect que je le vois associé à un autre nom, à celui de l'éminent magistrat dont il m'avait été donné d'apprécier le rare mérite dans l'un des conseils de l'État, et qui, à l'exemple des de Séze, des Portalis et des Troplong, avait su occuper avec tant de dignité le premier siège de la Cour suprême réservé jusqu'à ces derniers temps aux gloires les plus éclatantes et les plus hautes de la magistrature française.

Voila de grands exemples et de grands souvenirs, mes chers enfants, des exemples et des souvenirs qui obligent; et quand, dans des circonstances comme celle-ci, nous nous plaisons à rappeler aux jeunes époux leurs traditions de famille, est-ce pour flatter leur vanité? A Dieu ne plaise! Ce sont, au contraire, des leçons que nous cherchons à tirer d'un passé glorieux, des leçons qui s'imposent avec l'autorité du sang. Il y a là, pour ces nouvelles familles qui se forment, une lumière et une force. Car l'homme se sent plus fort, il marche avec plus de courage sur le chemin de la vie, quand, regardant derrière lui, il trouve dans son héritage le legs de la vertu, de l'honneur, de la fidélité au devoir. Alors, sa voie est toute tracée, elle est marquée d'avance par d'ineffaçables souvenirs, et il n'a qu'à la suivre jusqu'au bout pour trouver le mérite et le bonheur, l'estime des hommes et les bénédictions de Dieu.

Voilà pourquoi je ne saurais non plus passer sous silence cette longue suite de siècles où, d'une génération à l'autre, la Bretagne avait appris à honorer le nom et les services des du Dresnay, depuis cet héroïque Renaud, l'émule des Duguesclin et des Olivier Clisson au quinzième siècle, jusqu'aux nobles gentilshommes dont les événements du siècle dernier ont fait éclater la bravoure et la fidélite. Grande page dans l'histoire de ce pays de Saint-Pol-de-Léon, auquel me rattachent depuis trois ans les liens d'une confiance réciproque, pays resté inébranlable dans ses convictions comme le granit de ses côtes, et où se réfugieraient comme dans leur dernier asile la foi et l'honneur, si on parvenait à les bannir du reste de la France. Mais combien cette page d'histoire, où la maison du Dresnay brille d'un si vif éclat, me paraît encore plus belle et plus touchante, quand je vois la Religion y apparaître à son tour sous les traits de cet archevêque de Paris dont la haute et sereine figure domine toute une époque déjà éloignée de nous : pontife au cœur si généreux, au caractère si digne et si ferme, et qui, après avoir vécu errant et fugitif au milieu de son propre troupeau, n'ayant pas où reposer sa tête, à l'exemple du divin Maître, mourait en face de ses persécuteurs l'oubli et le pardon sur les lèvres. Monseigneur de Quélen et le P. de Ravignan, ah ! quels témoins pour votre union, chers enfants, et quels protecteurs ! Témoins invisibles sans doute, mais dont les prières seront pour vous un motif d'espérance et un gage de bonheur.

VOTRE bonheur ! Comment pourrais-je en douter quand je vous vois, fidèles à vos traditions de famille, apporter au pied de l'autel cette foi chrétienne que la piété paternelle et maternelle a su entretenir et fortifier en vous. Oui, c'est quand le mariage est envisagé des yeux de la foi, qu'il apparaît aux yeux du chrétien comme le grand sacrement dont parle Saint Paul, *sacramentum magnum*, et que la grâce divine vient pénétrer de son influence souveraine deux âmes unies entre elles par une affection tendre et vive, c'est alors que les cœurs se comprennent, que les caractères s'harmonisent, que les dissonances s'effacent, que le plus léger nuage disparaît au rayon céleste ; c'est alors qu'un dévouement réciproque rend léger ce qui est pesant, agréable et doux ce qui est amer, qu'un support mutuel fait oublier les imperfections pour ne laisser voir que les qualités ; c'est alors qu'il s'opère un échange incessant de force et de bonté, de condescendance et d'empire ; c'est alors que la société domestique ressemble à une association où, comme le disait Bossuet, nul ne commande et où chacun obéit, où l'on ne sait pas ce que c'est que dépendre, parce que l'on ignore ce que c'est que dominer ; c'est alors que la vie commune devient une douce habitude, et que l'affection conjugale, loin

de s'émousser avec le temps, s'accroît par la durée même; c'est alors que l'époux chrétien comprend la grandeur et l'étendue de son devoir, la dignité du travail, les sollicitudes et la responsabilité morale qui incombent au chef de la famille; c'est alors que la femme chrétienne comprend que pour elle il n'est pas, après le foyer domestique auquel l'attachent ses devoirs, d'autre maison dont elle doive mieux connaître le chemin que la maison de Dieu et la maison du pauvre, la maison de Dieu où s'alimente sa piété et la maison du pauvre où s'exerce sa charité; car c'est de la piété charitable qu'il a été dit qu'elle a les promesses de la vie présente et de la vie future : *promissionem habens vitæ quæ nunc est et futuræ.*

Tels sont les sentiments qui vous animent, et c'est pourquoi l'Église bénit votre union avec une entière confiance, sûre qu'elle est que votre mérite ne fera que grandir avec le devoir, et que vous saurez porter dans votre nouvelle condition les qualités et les vertus qui assurent le vrai bonheur. Approchez, donc mes chers enfants, pour recevoir par mes mains la bénédiction divine. Oh ! que ce soit vraiment une bénédiction, dans toute l'étendue et dans toute la force du mot! Qu'elle vous accompagne et vous suive tout le long de la vie, consacrant vos joies, adoucissant vos peines, s'il plaisait à Dieu de semer l'adversité sous vos pas ; car, ainsi que le disait encore le P. de Ravignan, — et j'aime à faire entendre jusqu'au bout cette voix d'outre-tombe si chère à vos cœurs — « la vie, même la plus heureuse et la plus enviée, a ses vicissitudes et ses peines.[1] » Aimez à vous rappeler souvent le grand jour de votre vie où vous avez pris Dieu à témoin de la sincérité de vos promesses et de la sainteté de vos ser-

(1) Tome IV, page 650.

ments. Vous trouverez dans ce souvenir la douceur qui fait aimer le devoir et la force nécessaire pour l'accomplir jusqu'au bout et sans défaillance. Ainsi soit-il !

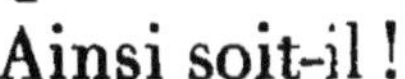

IMPRIMÉ PAR LES SOINS
DE LÉON TECHENER
LIBRAIRE
A PARIS
M DCCC LXXXIII

www.ingramcontent.com/pod-product-compliance
Ingram Content Group UK Ltd.
Pitfield, Milton Keynes, MK11 3LW, UK
UKHW020226200726
13856UKWH00004B/1626

9 782013 046121